AMBULANCIAS

JEN BESEL

BLACK RABBIT BOOKS

Bolt es una publicación de Black Rabbit Books
P.O. Box 227. Mankato. Minnesota. 56002.
www.blackrabbitbooks.com

Michael Sellner, diseñador del interior;
Traducción de Travod, www.travod.com

Información del catálogo de publicaciones de la biblioteca del congreso
9781623108007 (library binding)
9781644666074 (paperback)
9781623108069 (ebook)

Impreso en los Estados Unidos de América

Créditos de las imágenes

Alamy: Oleksiy Maksymenko. 7; Taina Sohlman. 13; ZUMA Press Inc. 18-19; Dreamstime: Glen Jones. 15; Paulus Rusyanto. 10: iStock: dan_ prat. 22-23; kali9. 10-11; LeoPatrizi. 5; marekp, 16-17; Photography. 12-13; Vonkara1. 8-9; physio-control.com: PhysioControl. 18-19; Shutterstock: blurAZ. 20-21: Bro Studio. 3. 24; Georgejmclittle. 14; Gorodenkoff. 14; Macrovector. 1; Monkey Business Images. 15; Rob Wilson. 21; temp-64GTX. cover; Tyler Olson. 6-7; William Perugini. 15; Yuri Schmidt. 4: Yustus. 14-15

Contenido

CAPÍTULO 1

En acción

La ambulancia va a toda velocidad por la calle. Sus luces parpadean. Su **sirena** suena fuerte. La gente despeja el camino.

sirena: un dispositivo que emite un sonido de advertencia con gran volumen

AMBULANCE

COMPAREMOS VELOCIDADES

La ambulancia va de 0 a 55 millas (89 kilómetros) por hora en 25 segundos

¡Aquí para ayudar!

Las ambulancias son hospitales sobre ruedas. Transporta gente capacitada, llamados técnicos de emergencias médicas. Ellos ayudan a las personas enfermas o heridas.

El Ford F-150 de 2018
va de 0 a 55 millas (89 km) por hora en 6 segundos

LAS PARTES DE UNA

ambulancia

pintura de colores brillantes

ruedas

luces de emergencia
puertas traseras anchas
AMBULANCE
PARAMEDIC
9195

CAPÍTULO 2

En el trabajo

Las personas llaman a las ambulancias en caso de **emergencia**. Los vehículos las llevan al hospital. En el camino, los paramédicos utilizan herramientas. Una herramienta hace latir los corazones.

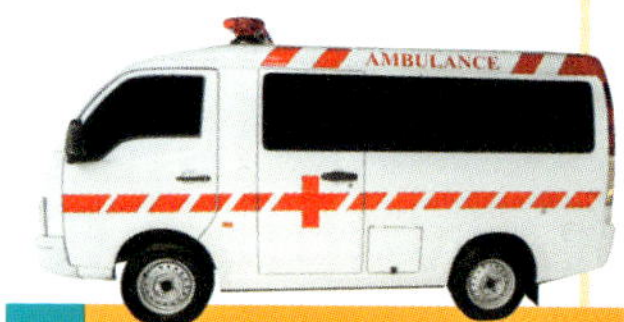

emergencia: algo inesperado que requiere una acción rápida

HECHO

También tienen herramientas para ayudar a las personas a respirar.

AMBULANCE
PEUGEOT
BOXER
SA 028·PO
BG 1126 AU
SK 9285 AO
BG 959·EJ
TRANSIT

Llegar rápido

Las ambulancias van a una velocidad de hasta 70 millas (113 km) por hora. Las **leyes** también les ayudan a llegar a su destino rápidamente. Los conductores deben apartarse y dejarlas pasar.

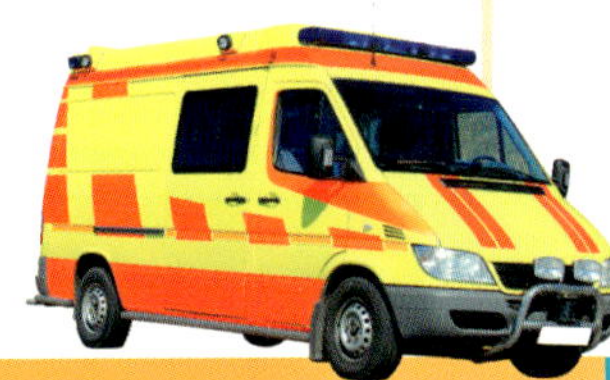

ley: una regla que todas las personas deben seguir

Cuando alguien necesita ayuda

Paso 1

Alguien llama al 911 para pedir ayuda.

Paso 2

El operador del 911 le da la dirección a la ambulancia.

Paso 3

La ambulancia va a toda velocidad hacia su destino.

Paso 4

Los paramédicos suben a la persona a la ambulancia.

Paso 5

Llevan a la persona al hospital.

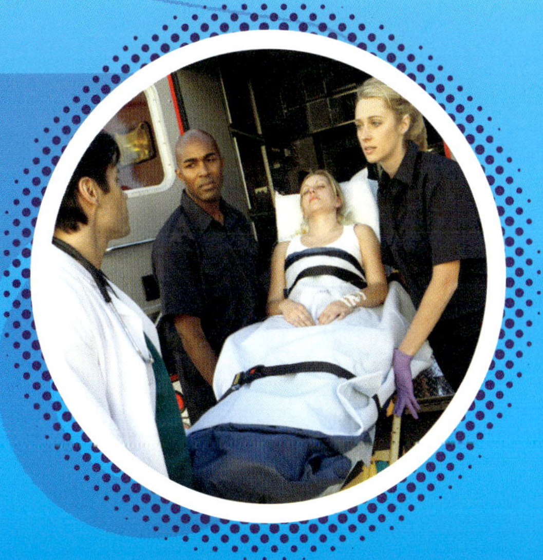

CAPÍTULO 3

Una mirada al interior

Cada ambulancia tiene suministros en su interior. La camilla se utiliza todos los días. Sobre ella se acuestan las personas enfermas o heridas. Las patas tienen ruedas. Los trabajadores empujan la camilla hacia y desde el vehículo.

HECHO

La camilla tiene cinturones de seguridad.

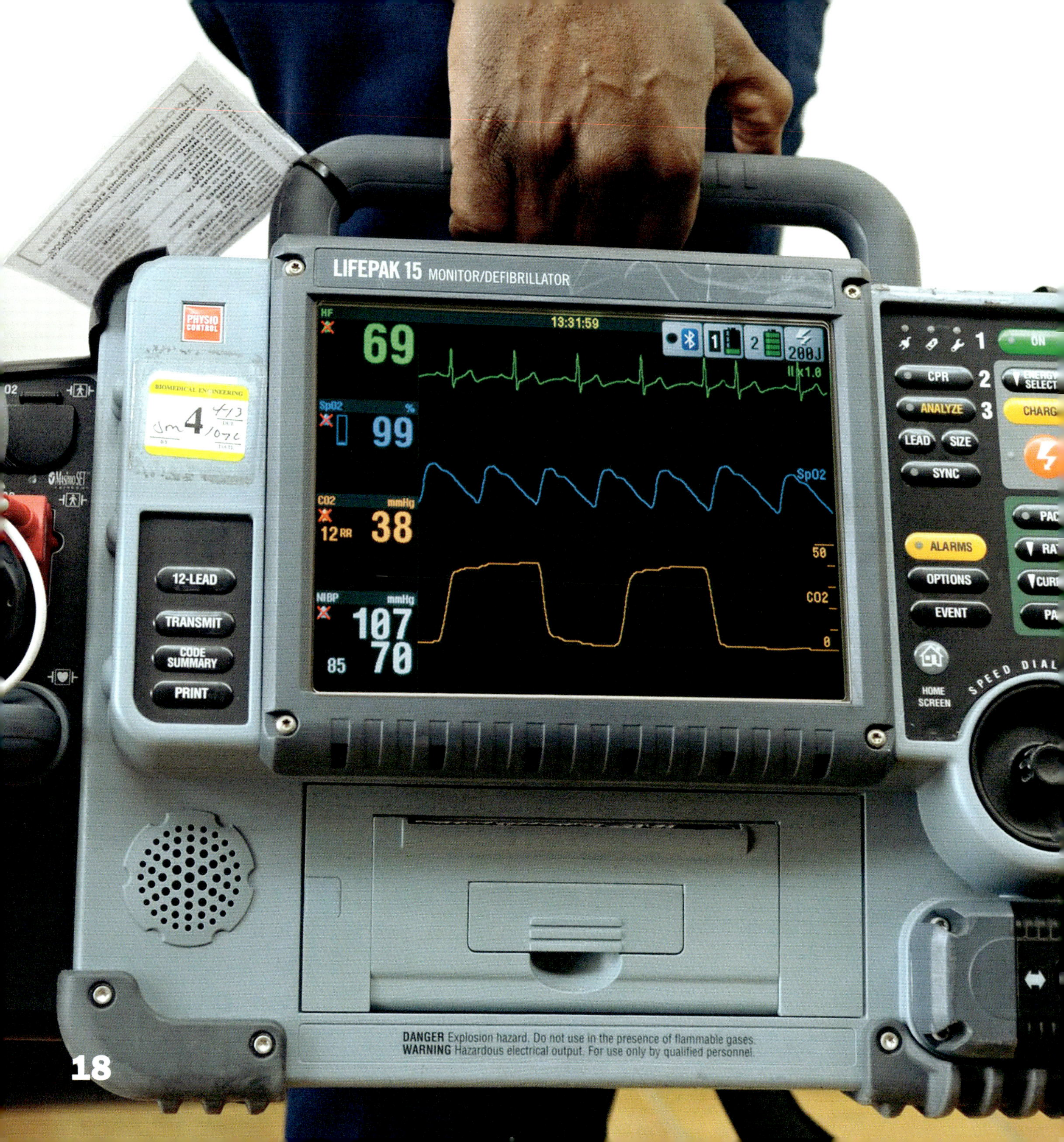
LIFEPAK 15 MONITOR/DEFIBRILLATOR
PHYSIO CONTROL
BIOMEDICAL ENGINEERING
13:31:59
HR
69
SpO2
99
CO2
mmHg
38
12 RR
NIBP
mmHg
107
70
85
12-LEAD
TRANSMIT
CODE SUMMARY
PRINT
CPR
ANALYZE
LEAD
SIZE
SYNC
ALARMS
OPTIONS
EVENT
HOME SCREEN
SPEED DIAL
ON
ENERGY SELECT
DANGER Explosion hazard. Do not use in the presence of flammable gases.
WARNING Hazardous electrical output. For use only by qualified personnel.

Revisión del corazón

Las ambulancias tienen una herramienta llamada LifePak. Les dice a los profesionales si el corazón de una persona está bien.

Las ambulancias son vehículos asombrosos. Ayudan a mantener a las personas seguras.

• • • ¡Construida para tener gran resistencia!

La herramienta LifePak funciona aunque se caiga.

Datos adicionales

Pueden transitar 250 millas (402 km) con un tanque de gasolina.

Hay tres tamaños de ambulancias.

Pueden andar por lugares en donde haya 8 pulgadas (20 centímetros) de agua.

Las primeras ambulancias eran **carros.**

carro: un vehículo ligero de dos ruedas tirado por un caballo o un perro

GLOSARIO

carro: un vehículo ligero de dos ruedas tirado por un caballo o un perro

emergencia: algo inesperado que requiere una acción rápida

ley: una regla que todas las personas deben seguir

sirena: dispositivo que emite un sonido de advertencia con gran volumen

AMBULANC

ÍNDICE